AF229782

27
In
24640

BIBLIOTHÈQUE IMPÉRIALE IMPR.

L'ABBÉ

C. CHIROUZE

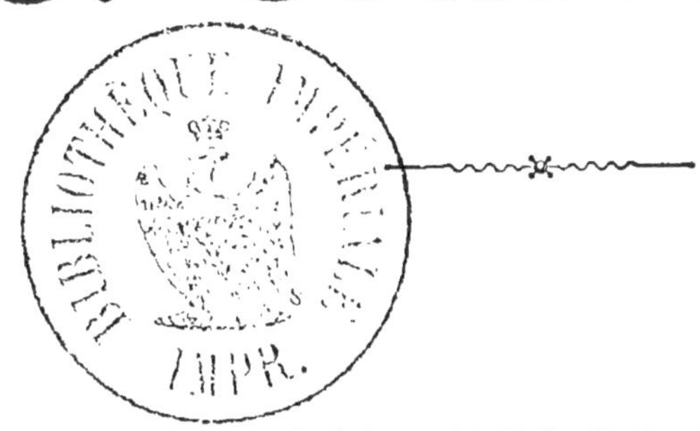

ESQUISSE BIOGRAPHIQUE

PAR

L'ABBÉ DE CABRIÈRES

VICAIRE GÉNÉRAL.

NIMES

L. BEDOT, LIBRAIRE-ÉDITEUR

PRÈS LA CATHÉDRALE

1868

Nimes. — Imprimerie Lafare et v^e Attenoux, place de la Couronne, 1.

Honoré d'une confiance assez étendue par la famille du regrettable abbé Chirouze, pour avoir reçu d'elle la communication et le dépôt des manuscrits dans lesquels il avait consigné le fruit de ses travaux, j'aurais voulu répondre pleinement à ce qu'on attendait de moi, et prendre le rôle d'éditeur.

Après un examen attentif, j'ai reconnu qu'une publication complète était malheureusement impossible : la mort avait pris l'ouvrier avant son œuvre faite. L'échafaudage était dressé, mais de l'édifice n'apparaissaient même pas toutes les fondations.

Fallait-il pour cela laisser sans honneurs, *sine titulo, sine nomine*, une mémoire amie? Fallait-il mériter le reproche qu'un ancien faisait à ses contemporains « d'oublier vite les morts ou de ne se souvenir guère de leurs actions que pour les blâmer? » Je ne l'ai pas cru. Je suis de ceux parmi lesquels se rangeait Pline le Jeune : *me diuturnitatis amor et cupido sollicitant.* Comme ce philosophe, j'estime souverainement digne d'un homme, *res homine dignissima,* de publier et d'étendre la renommée des gens de bien ; et volontiers je souscrirais à ce proverbe de Rome, trop imprégné d'orgueil, mais susceptible d'un sens très chrétien : « Il est aussi noble d'élever une statue que de la mériter, *non magis insigne est statuam habere quam ponere.* »

Telle qu'elle est, la modeste biographie qu'on va lire ne prétend pas être un monument, ni même une inscription qui se recommande à la postérité ; c'est un hommage à ma ville natale, à tous les professeurs et aux élèves du Petit Séminaire, à ce clergé de Nîmes enfin, dont il m'est si doux de reconnaître, d'admirer et de proclamer les vertus.

I

En 1814, au moment où se préparaient, dans les conseils des politiques, les complications dont la Providence allait se servir pour humilier enfin le génie du plus grand homme de guerre que le monde ait jamais connu (1), la ville de Beaucaire, l'une des plus fidèles et des plus croyantes de notre Midi, donna, le dimanche 6 février, des preuves éclatantes de sa fidélité et de sa religion. Ebranlée tout entière par la nouvelle inattendue que le pape Pie VII allait, en changeant de prison, passer au pied de ses remparts, la généreuse cité se leva comme un seul homme, et, ne pouvant faire davantage, voulut au moins baiser les chaînes de l'auguste captif.

Lorsque le Saint-Père arriva, vers trois heures de l'après-midi, le clergé le reçut processionnellement à la Porte de Nimes ; M. Domergue — on

(1) Prévost-Paradol : *La France Nouvelle.* Discours d'introduction.

reconnaîtra ce nom, toujours resté digne de lui-même — premier adjoint, se fit un honneur inestimable de le haranguer, et le pria, pour condescendre aux vœux du peuple, de traverser la ville, au lieu d'en longer seulement les murailles. Pie VII, laissé libre par le général Radet de faire ce qu'il jugerait convenable, daigna se rendre aux pieux désirs d'une foule ardente, avide de contempler ses traits et de s'incliner sous ses bénédictions. Sa voiture passa lentement dans les rues, et, partout, les acclamations furent si vives, les témoignages de respect si touchants et si sincères, que le Pape, profondément ému, ne put réprimer un cri de reconnaissance : « L'enthousiasme de ce peuple, dit-il, est un grand triomphe pour la religion (1). »

Deux mois après, d'autres émotions, différentes dans leur principe, mais semblables dans leurs effets, venaient remuer l'âme des Beaucairois. L'empire s'écroulait brusquement, et la poussière, soulevée par sa chute, n'était pas dissipée, que reparaissait déjà l'antique drapeau de la monarchie, cette blanche bannière, symbole immaculé de courage et d'honneur, dont nos trois couleurs, brunies par la fumée de tant de batailles et par le sang de tant de braves, partagent maintenant la gloire,

(1) Ch. de Forton, *Notice sur Beaucaire*, 1856.

sans faire oublier ni amoindrir le vieil étendard des Turenne et des Condé!

Beaucaire tressaillit: il y eut là des heures d'enivrement et d'angoisse, des alternatives de terreur et de sécurité, sur lesquelles, en cet instant, nous ne devons pas revenir. Mais nous savons tous ici cette histoire, qui est la nôtre: osons proclamer que, pendant ce temps, s'écrivaient les annales héroïques d'une population sur laquelle avaient passé, sans la changer ni la décourager, de 1788 à 1814, vingt-six ans de lourdes épreuves. Osons dire bien haut que, pour mériter encore un renom particulier de noble et courageuse indépendance, Beaucaire n'a que se souvenir de lui-même. Il suffirait ici de bercer les enfants avec les *chansons de gestes* de leurs aïeux!

Quoi qu'il en soit, 1814 fut, dans cette ville, une année de religieuse et patriotique fermentation. Les fibres catholiques, momentanément endormies peut-être chez quelques-uns, vibrèrent à l'unisson dans tous les cœurs; il y eut une sorte de réveil enthousiaste et énergique des sentiments dont la main violente des révolutionnaires avait comprimé l'expansion. C'était quelque chose d'analogue à ce qui passe dans la nature, alors que, après une pluie d'orage, l'air redevient pur et serein, les plantes abattues se relèvent, et le soleil, en apparence rajeuni, jette sur la terre reposée des rayons plus caressants et plus doux.

Une humble famille de cultivateurs s'était associée, avec une pieuse allégresse, aux élans d'amour et de foi dont, à Beaucaire, toutes les âmes chrétiennes avaient connu les profondes secousses.

Dieu ne lui fit pas attendre sa récompense. Dès le mois d'août de cette année mémorable, un petit enfant lui fut donné, — vrai fils de bénédiction, de lumière et de grâce : c'est celui dont nous allons esquisser la vie.

II

Quel tableau que celui de l'enfance des prédestinés ! On ne se lasse jamais ni de le regarder ni de le peindre : c'est que, selon l'ingénieuse pensée de Wordsworth, « nous n'aurions jamais besoin d'une science plus vaste, si nous pouvions retenir seulement la centième partie des leçons que le cœur reçoit auprès d'un berceau (1). »

« Venez, dit un autre poète anglais, venez voir

(1) *Lyra Innocentium,* épigraphe.

un enfant endormi : tout à l'heure, il gémissait et pleurait, comme pour acquitter la dette douloureuse du péché ! Maintenant, ses paupières sont closes, un souffle si peu sensible et si doux marque sa respiration, que vous avez peine à vous défendre d'une certaine anxiété. Est-il encore avec les vivants? les a-t-il déjà quittés? Ah! ce sommeil est bien la vie, mais une vie fermée encore à tout ce qui est de la terre ! Ce radieux sourire, muette expression d'un bonheur inconnu, c'est l'âme qui s'épanouit devant les joies invisibles ! Encore une fois, venez, asseyez-vous près de cette couche innocente et rêvez ; vos songes ne seront pas menteurs (1) ! »

Quels rêves furent caressés par Mme Chirouze tandis qu'elle gardait son nouveau-né ? nous ne saurions le dire et nous n'oserions pas le demander. Un témoignage, irrécusable dans sa forme naïve, nous apprend cependant que, un jour, la pieuse mère, occupée aux soins du ménage, fut surprise de voir son petit enfant, tout jeune encore, à deux ans à peine, élever ses mains et ses yeux en haut. « Il semblait sourire à quelqu'un, et, faisant effort pour se soulever, il paraissait vouloir s'élancer vers ce qui attirait ses regards. Rien ne put le distraire

____

(1) *Lyra Innocentium*. — *The first smile,* p. 19.

de cette ardente contemplation ; il fallut attendre que l'objet en eût disparu ; alors seulement, il se laissa détourner de la vision mystérieuse qui l'avait ravi ! »

Ainsi commençait une destinée vraiment singulière, étrange, surtout de nos jours, et dans laquelle l'intense application de l'intelligence à l'étude des vérités les plus abstraites ne devait connaître ni lassitude ni repos.

Dieu montra bientôt quelle part il s'était faite à lui-même dans les attraits puissants sur ce jeune cœur.

« A l'âge de quatre ou cinq ans, le plus grand bonheur du petit Claude était d'aller à l'église ; il sollicitait cette faveur, pleurait si elle lui était refusée, et ne se consolait que lorsque son aïeule, suppléant à ce que la mère de famille n'était pas libre de faire, le prenait avec elle pour le conduire à Notre-Dame. »

Cette vénérable aïeule, femme simple, mais bien instruite de la religion, admirait les dispositions étonnantes de son petit-fils pour le recueillement et la prière ; elle faisait de son mieux pour les aider ; elle lui enseignait les chants sacrés, le familiarisait avec les cérémonies, l'encourageait à les reproduire dans ses jeux avec ses frères ou ses camarades, lui racontait ou lui donnait à lire les vies des saints, le dirigeait en un mot progressivement dans la connaissance et la pratique des vertus chrétiennes. Des soins si assidus ne pouvaient pas être stériles. Consacré à la très sainte Vierge quand il n'avait pas atteint sa sixième année, Claude Chirouze fut confié, très jeune encore, aux frères des Ecoles chrétiennes; il fut, auprès de ces bons maîtres, ce qu'il avait été chez ses parents : un modèle d'obéissance, de douceur, de modestie, d'application au travail et à la connaissance des choses saintes.

Un trait, conservé dans la mémoire des siens, montre bien quelles étaient ses dispositions intérieures. En entrant dans la salle de classe, il remarqua, suspendu au mur, un tableau sur lequel était écrite, en grosses lettres, cette maxime: « Dieu me regarde. » Dès son retour à la maison paternelle, il se fit expliquer le sens de ces paroles; on lui dit ce qu'elles signifiaient, et que Dieu, étant en effet présent partout, par respect pour cette sainteté infinie, il fallait être partout pur et fervent.

Cette leçon le frappa beaucoup, et, pour ne la point oublier, il écrivit, à l'instant même, sur tous ses livres ou cahiers de classe, cette courte sentence : « Dieu est grand, Dieu seul est grand. »

Mais sa conduite témoignait mieux encore

l'honneur qu'il voulait rendre désormais à la redoutable majesté du Créateur. Les frères n'eurent jamais à former sur lui la plus légère plainte; étonnés par sa constance à l'étude, par ses succès, par sa discrétion, par sa piété, ils ne le surprirent jamais enclin à céder aux suggestions de l'amour-propre. Laborieux et réservé, le vertueux enfant demeurait volontiers de longues heures sans parler; et, s'il ouvrait la bouche, ce n'était jamais pour tirer vanité de ses victoires continuelles sur ses condisciples. Avec cela, rien en lui d'affecté ou qui sentît l'effort : c'était la candeur et la simplicité même.

Sa première communion, faite en 1826, pénétra d'admiration le prêtre qu'il avait choisi pour confesseur. « Il ne faut pas laisser cet ange dans le monde, dit ce bon ecclésiastique ; il faut le mettre au Petit Séminaire, afin qu'il se dispose au sacerdoce ». La famille du jeune Claude hésita momentanément devant les charges d'une longue et coûteuse éducation. Mais elle se laissa pourtant persuader sans peine de ne pas contrarier une vocation qui paraissait évidente, et, dans le courant de l'année 1827, Chirouze franchit le seuil de la maison sainte à laquelle, après un court ministère paroissial, il devait appartenir jusqu'à la mort.

III

Les nouveaux maîtres, appelés par la Providence à cultiver cette plante choisie, furent, dès
l'abord, frappés des espérances qu'elle promettait.
Elève exceptionnel par son caractère toujours égal,
son intelligence supérieure, ses triomphes aussi
faciles que persévérants, l'adolescent présageait
déjà ce qu'il serait plus tard quand il aborderait
les grandes études de l'âge mûr. Un de ses compatriotes et de ses contemporains — mort, il y a
quelques semaines, dans cette chère paroisse de
Saint-Gervasy, qu'il avait sanctifiée, embellie et
rendue presque célèbre, — l'excellent abbé Lam-
bert nous a parlé souvent, avec la plus vive émotion, de son rival d'autrefois, demeuré l'un de ses
amis les plus intimes. « Nous ne nous ressemblions
guère, disait-il : autant j'avais d'impétuosité et
d'élan, autant Chirouze paraissait contenu et ti-
mide. J'aurais parlé tout un jour, lui se taisait par
goût et par choix ; ma verve était intarissable, tandis que son esprit avait la lenteur apparente d'une
conception difficile. Je ne sais pourtant comment
la chose se faisait, mais, en composition, la première

place lui appartenait toujours. Et puis, quelle amé-
nité dans les manières, quelle fidélité dans les rapports, quelle suavité soutenue ! C'était un petit
saint qui ne s'est jamais démenti ! »

Le séjour de Claude Chirouze au Petit Séminaire
fut traversé par des maladies fréquentes, dont
l'une, plus grave et plus obstinée, nécessita de
douloureuses opérations Il supporta patiemment
le mal lui-même et les remèdes pénibles destinés
à le guérir. Le médecin, malgré certains préjugés
irréligieux, rendait hommage à une vertu dont
la perfection constante le jetait dans un étonne-
ment mêlé d'admiration.

Après de brillantes études classiques, le jeune
Beaucairois vint commencer, à Nimes, au Grand
Séminaire, son cours de théologie. Obligé par des
maladies nouvelles à l'interrompre, pendant deux
ans, il fut alors momentanément précepteur dans
une famille très estimable de Pouzilhac. Il revint
ensuite achever sa préparation au sacerdoce, et,
dans le courant de l'année 1841, il fut ordonné
prêtre et nommé vicaire à Aramon.

IV

Nous avons, à dessein, résumé brièvement, en quelques lignes', tout ce que de fidèles mémoires nous ont rapporté sur l'éducation littéraire et ecclésiastique de l'abbé Chirouze. Il nous tardait en effet d'arriver à l'époque où le jeune prêtre pourrait nous parler lui-même des mystères intérieurs qui ont été le côté de sa vie le plus inconnu et le plus intéressant.

L'abbé Chirouze fut en effet un mystique dans le sens le plus noble et le plus élevé de ce titre sublime, si vénérable à tous ceux qui honorent vraiment la dignité de l'âme humaine.

Dieu le prévint, dès la première aube de sa plus lointaine jeunesse, par ces touches secrètes qui font tressaillir le cœur jusque dans son fond; et, dès lors, au milieu d'un monde moins favorisé, il se sentit mal à l'aise et presque étranger.

Notre époque ne ressemble guère, il le faut avouer, même parmi les populations religieuses, à ce qu'était la société chrétienne à l'origine, alors que, selon l'ingénieuse remarque du P. Dalgairns (1), « sans être atteinte de misanthropie, sans avoir éprouvé de déceptions, sans redouter le fer des bourreaux, défendus le plus souvent par leur âge lui-même contre le dégoût ou la lassitude, hommes et femmes s'empressaient pourtant à l'envi d'abandonner la vie du monde civilisé pour se réfugier au désert. Quelle cause était donc assez puissante pour produire d'aussi extraordinaires effets ? Quelle attraction mystérieuse détruisait les attractions contraires de la famille ou du bien-être, et jetait dans une affreuse solitude Paul, Antoine, Ammon, Paphnuce, Marie d'Egypte ou la pécheresse Thaïs ? C'était évidemment un enthousiasme qui n'avait rien d'humain et qui ne s'adressait point à la créature. Un *exode* si nombreux et si extraordinaire n'était pas le fruit de l'amour de l'homme pour l'homme. Le charme invisible qui embellissait les sables monotones de Scété ou de Nitrie, qu'était-il ? sinon l'espérance passionnée de pouvoir librement s'élever vers Dieu et le saisir dans un ineffable embrassement.

Voilà bien *l'idée nouvelle* que le christianisme

(1) Préface de la traduction anglaise de la *Vie des Pères du Désert,* par la comtesse Hahn-Hahn.

avait apportée aux hommes, et dont, hélas ! aujour-
d'hui, dans une atmosphère sociale singulière-
ment refroidie, nous pouvons comprendre la difficile acceptation par le monde païen. Comment
le juif avide de gain, le prosélyte grec amoureux
du lucre ou dévoré de l'ambition, l'Athénien
sophiste et méprisant, le Corinthien voluptueux, le
Romain cruel et violent ; comment toutes ces
intelligences sans foi, comment toutes ces volontés
sans frein furent-elles amenées peu à peu, avec
une rapidité relative, à concevoir, en dehors et
au delà de tout ce qui frappe les sens, dans une
sphère où les jouissances matérielles n'étaient plus
le suprême but, et constituaient au contraire le plus
irrémédiable des obstacles, une vie toute diffé-
rente, extérieure sans doute par les actes qui la
manifestaient, mais intérieure par ses principes,
ses mouvements, ses tendances et sa fin ? Le mot
lui-même de *vie intérieure*, ce mot qui, de nos
jours, est redevenu presque un épouvantail aux
chrétiens imparfaits, n'est-il pas prodigieux qu'a-
près être apparu, dans les idiomes de la Grèce ou de
l'Italie, comme un fruit sans germe ou une plante
sans semence, il soit devenu, si tôt après la prédi-
cation des Apôtres, la lettre de créance qui auto-
risait « les dignes disciples de la vérité, les fils
engendrés par le Verbe ami, » à se traiter en frères,

« tous issus de Celui qui était au commencement, et qui, sous le vêtement de sa manifestation dans la chair, a été reconnu pour être d'une éternelle ancienneté, quoique recevant chaque jour une naissance nouvelle dans le cœur des saints (1). »

Ce mysticisme d'ailleurs, produit légitime des doctrines du Nouveau Testament, cette croyance à l'existence possible et nécessaire de rapports étroits entre l'âme de l'homme et l'Être infini, cette soif légitime de savoir si l'union du Créateur avec sa créature se fait d'une manière insensible ou d'une manière sensible, par le secours de quelles facultés, en vertu de quelles lois psychologiques, tout cet ensemble d'aspirations et de problèmes répond à l'un des plus invincibles penchants de notre nature morale, pour laquelle, malgré toutes les affirmations contraires de la science positiviste de nos jours, ce serait une sorte de suicide que de renoncer à étendre la sphère de ses investigations et de ses certitudes, au delà des bornes étroites du temps et de la vie.

Aussi toute âme un peu haute, est, à une heure connue de Dieu, tourmentée par le besoin de monter au dessus des pensées et des sentiments qui ne tiennent qu'à la terre et qui doivent finir

____

(1) Epître à Diognète, xi, p. 319. Edit. Héfélé, 1855.

à la mort. La science mystique s'ébauche ainsi
plus ou moins chez tous les hommes ; il y a un
coup d'aile vers les régions supérieures que nous
donnons tous. Mais aux uns manque la vraie foi,
aux autres le courage, à ceux-ci la bonne volonté,
à ceux-là la persévérance ; à beaucoup, la sagesse
d'un guide patient et sûr. Toutes ces causes, vo-
lontaires ou non, sont comme les épines de l'Evan-
gile qui arrêtent le développement du bon grain.
Et voilà pourquoi la science, de toutes la plus
élevée, celle qui unit à l'étude approfondie de
nos mystères la connaissance expérimentale des
opérations intérieures de la grâce, voilà pourquoi
cette science a si peu de vrais adeptes. On en prend
une vague teinture qui ne suffit trop souvent ni à
soi-même ni aux autres, et, lassé par un travail qui
semble ou trop ingrat ou trop ardu, on se hâte de
fixer sa tente dans ce que l'on pourrait appeler *les
pays-bas de la dévotion,* dans ces régions maré-
cageuses où ne foisonnent que les joncs, c'est-à-
dire les pensées vulgaires, sans vigueur et sans
parfum.

Il y a pourtant encore ici-bas, en assez grand
nombre, des cœurs auxquels ne suffit pas cette
température moyenne, également éloignée des gla-
ces d'une indifférence complète et des ardeurs
extatiques des saints. Il y a des cœurs impuis-

sants à se reposer dans la satisfaction facile que donne à la conscience de beaucoup de fidèles une vie exempte de fautes graves. Rapporter à Dieu toutes ses actions, donner à la prière une grande place dans l'emploi de son temps, travailler à sa perfection, rendre enfin plus suivies, plus fructueuses, plus intimes, ses relations avec Notre Sauveur et Maître, le Christ Jésus : c'est l'insatiable ambition de tous ceux qui, par le chemin de l'innocence et de la simplicité, ou par celui de la pénitence et de la doctrine, tendent à reprendre, en sens inverse et pour remonter à Dieu, les degrés descendus par les pécheurs, loin de la lumière et de la vérité (1).

V

L'abbé Chirouze fut un de ces chrétiens, un de ces prêtres privilégiés. Une des premières lectures qu'il avait faites, la *Vie des Pères du désert*, lui avait laissé des impressions si durables, que, dans les années de sa plus vigoureuse maturité,

(1) V. encore l'Epître à Diognète.

il en savourait encore, selon son propre témoignage, « l'onction et le goût. » Son éducation et ses habitudes pieuses développèrent la flamme de cette étincelle.

« Dès sa plus tendre enfance — c'est lui qui nous l'apprend dans ses notes intimes — il reçut la grâce d'une dévotion particulière au Cœur sacré de Jésus, au sacrement de l'autel, à la croix, à la très sainte Vierge. » Avec le progrès de sa formation intérieure, ces sentiments, loin de s'altérer, se fortifièrent, et, en 1844, il écrivait, sur une feuille détachée de l'un de ses livres de prière, cette phrase touchante, qui le révèle tout entier : « La dévotion au Sacré-Cœur, à la vierge Marie, l'amour des pauvres, des malades, des enfants et de l'Eglise romaine : voilà à peu près les impressions principales que j'ai reçues dans le cours de ma vie ; par là s'est commencée la série des grâces particulières qui se sont continuées jusqu'à ce jour, quelquefois avec des circonstances vraiment merveilleuses, et qui m'ont surtout gardé deux biens inappréciables : la pudeur et la bonne foi. »

Mais, engagés jusqu'à ce point, nous ne devons pas reculer devant l'analyse, aussi délicate que nous pourrons la faire, d'une âme dont la beauté ne se manifestait guère au dehors.

S'il est établi, par une loi du Créateur, que es traits et le maintien d'un homme sont destinés à être le miroir de sa nature morale, cette loi s'est trouvée en même temps démentie et affirmée chez Claude Chirouze.

Il n'avait rien de très séduisant dans la tenue ni dans la figure. De taille moyenne, un peu gros, la tête chargée d'une chevelure mal disciplinée, les yeux voilés par d'épaisses lunettes, le cou — qui était déjà court — enfoncé dans les plis d'une douillette d'étoffe grossière, il marchait d'un air distrait et assez gauchement.

A qui ne l'aurait pas déjà connu, ce premier aspect n'aurait rien dit de très flatteur.

Il avait pourtant sur les lèvres un sourire doux et, dans l'ensemble de sa personne, je ne sais quoi de pacifique qui disposait favorablement à son égard. Mais ce mélange d'embarras, de timidité, d'hésitation n'était pas simplement au dehors et dans son attitude extérieure ; il l'avait aussi dans l'âme, et, pour lui, c'était là la douleur inconsolable, la purifiante souffrance dont il devait, par l'effort et le combat, tirer ses vrais mérites aux yeux de Dieu.

Nous ne parlons pas ici par conjecture, mais d'après lui-même, et sur la foi de ses mémoires particuliers.

Refoulé, dès sa plus petite enfance, au dedans de lui-même par les plaisanteries de ses camarades, qu'amusaient son extrême timidité, et ce qu'il appelle sa stupidité apparente, il commença de douter de son intelligence et de sa volonté, avant même de savoir s'il était capable de bien comprendre et de bien agir. A partir de cette heure lointaine, qui sonna presque avec l'éveil de sa raison, il y eut en lui une sorte de déchirement plein d'angoisses. Il sentait son âme attirée par la poésie, les arts, l'éloquence, le zèle ; sa mémoire était sûre, sa compréhension prompte, son avidité de savoir sans limites ; également curieux de tout ce qui lui apportait une connaissance de plus, il brûlait de tout étudier et de tout lire.

Mais, par le plus pénible contraste, s'il voulait parler, sa parole le trahissait et pesait comme une chaîne sur sa pensée ; s'il essayait d'exhorter et de convaincre, la chaleur interne ne trouvait pas aisément son issue : le volcan ne pouvait rejeter sa lave. Essayait-il de prendre un de ses auteurs favoris, Corneille ou Racine parmi les poètes, Platon ou Maistre parmi les philosophes, sa tête fatiguée refusait bientôt toute application.

Il se rejetait alors vers la prière, la méditation, l'amour enfin de son Dieu et de son maître ; et voilà que les doutes, les scrupules, les frayeurs involontaires le saisissaient et lui voilaient le ciel, auquel il demandait avec larmes l'épanouissement, la liberté.

Non, rien ne saurait rendre ce que ce pauvre et cher confrère a ressenti ! Ses papiers sont remplis de l'énergique aveu d'un martyre incessant, devant lequel son courage n'a jamais succombé.

« J'ai toujours été, dit-il, depuis mon enfance, en proie aux sécheresses, aux dégoûts, aux peines, aux privations. Heureux, si, comme l'Apôtre, ni la joie, ni les peines n'ont pu me séparer de la charité du Christ ! »

Chirouze traversa les dernières années du Petit Séminaire, tout le cours de sa théologie et presque tout le temps de son vicariat d'Aramon, sans que la lutte soulevée dans son âme prît un caractère arrêté. Dieu lui cachait toutes les issues.

Des rêves ou des émotions extraordinaires, et dont nous ne parlerions pas, si, en 1860, en pleine possession de lui-même, mûri par ses expériences et ses austères travaux, il n'y avait attaché quelque attention, assez pour les énumérer en peu de lignes — des rêves ou des émotions extraordinaires venaient cependant quelquefois le consoler et le rafraîchir. — Une fois, sur la route de Beaucaire à Nîmes, il crut voir marcher devant lui l'apôtre S. Paul, sous les traits d'un voyageur. Une autrefois, Notre-Seigneur lui apparut, marchant, sans hésitation, sur des rocs nus et escarpés. Après une rude tentation, où il avait savouré toute l'amertume des révoltes du péché, l'ange gardien se montra, faisant, à sa vue, disparaître le démon.

Dans une autre circonstance, allant au milieu de la foule, il était comme écrasé par cette impression que tout le monde lisait, au dedans de lui, ce qui se passait en son âme, et que, dit-il en un style énergique, « sa nudité spirituelle éclatait à tous les regards, par anticipation du jugement. »

Enfin, après dix ans, vers la fin de son séjour à Aramon, une sorte d'instinct conduisit l'abbé Chirouze dans sa voie. Sa santé, moins ébranlée, lui permettant de plus longues lectures, il épuisa tout ce qu'il put rencontrer d'auteurs mystiques ; non content de les parcourir rapidement, il en approfondit les enseignements et chercha à les coordonner dans une sorte de tableau synoptique.

Nommé succursaliste à Vic, en 1846, il reprit, dans le secret de cette solitude, toute sa théologie morale à l'école de Billuard ; il apprit les éléments de la langue hébraïque, et se plongea, selon son propre aveu, « dans d'énormes travaux, au prix d'une effrayante concentration ». Ces travaux immenses portaient tous sur la Bible.

Déjà, pendant son grand Séminaire, il avait

reçu, de la lecture du Nouveau Testament, et surtout des Epîtres de S. Paul, combinée avec la méditation des œuvres de S. Jean-de-la-Croix, un secours presque sensible au milieu de ses cruelles
épreuves. L'esprit de douceur et de liberté qui res-
pire dans tous les enseignements de notre Sauveur
avait vivifié cette âme desséchée et aride.

Mais, à Vic, il lut, verset par verset, la plume
à la main, et en les apprenant par cœur, toutes les
saintes Ecritures. En même temps, « afin d'appré-
cier, écrivait-il, la bonté ou la malice des causes
par la nature de leurs effets, il suivait, dans
l'*Histoire universelle*, qu'il repassait dans son
ensemble, l'application ou la déviation des lois morales, naturelles ou révélées, telles que nous les
racontent les annales des anciens peuples aussi
bien que celles des peuples modernes. »

Ce que ce bon prêtre cherchait en effet dans le
livre par excellence, c'était vraiment le code des
devoirs et la règle des actions humaines. Aussi,
après avoir remarqué, dans une note rapide, qu'il
avait ouvert le cercle de ses vastes études par la
spiritualité, se proposait-il de le fermer encore par
elle, et il ajoutait cette phrase significative: « Que
n'ai-je, hélas! mis à pratiquer la vertu chrétienne
l'ardeur que j'ai portée à connaître la vérité dans
toute son étendue! »

VI

Le premier fruit de son travail sur la Bible, avec les proportions qu'il lui avait données, fut la pensée et la rédaction d'un ouvrage qu'il avait appelé: *La croisade de la prière* ou le *Bréviaire des laïques*. Ne pouvant pas ou n'osant pas proposer aux fidèles la récitation pure et simple du *Bréviaire romain*, il voulait tirer au moins de ce trésor de l'antique liturgie, uni à quelques-unes des perles précieuses qui pourraient se trouver dans les différentes liturgies gallicanes, une sorte de manuel de l'Ancien et du Nouveau Testament, commenté par les saints Pères. En agissant ainsi, son idée, il le dit lui-même, était de remplacer « l'individualisme de la prière laïque par le socialisme surnaturel de cette même prière, afin de combattre par là même le socialisme naturel païen qui envahit les diverses nations de l'Europe ».

Cette idée nous paraît grande. M. l'abbé Chirouze l'a presque entièrement réalisée. Il y a mis toute sa foi, toute son intelligence, et, sans vouloir rien dire d'exagéré, nous osons exprimer cette opinion que , ne voulant pas se préoccuper de la forme littéraire et ne songeant qu'à la piété, il a trouvé par surcroît des inspirations nombreuses dignes d'un véritable écrivain. L'amour qui remplissait son cœur lui a dicté des expressions admirables pour traduire les sentiments les plus purs.

Mais cette longue composition n'était pour lui qu'une application secondaire de ce que la sainte Ecriture lui avait enseigné. Les livres de Salomon avaient ravi son âme , et, comme Henri Suso ou Tauler, ces chastes et célèbres fiancés de la sagesse éternelle, il se prit d'un invincible désir de s'unir le plus étroitement possible à cette Vérité divine, Image éternelle et consubstantielle du Père. Or, jusque là, soit pendant son éducation classique, soit pendant sa préparation au sacerdoce, soit même depuis qu'il était en paroisse, il n'avait fait, croyait-il, que voir des horizons différents, séparés les uns des autres , et qui se succédaient sans se lier avec ce qui les avait précédés ou suivis, dès lors fatigants par leur changement même et leur succession.

Il rêva donc de ramener à une sorte de point central qui les contiendrait « virtuellement et par éminence, » ainsi que s'exprime l'Ecole, toutes les connaissances humaines, telles au moins que son intelligence les possédait ou les concevait.

Malheur à qui raillerait cette noble préoccupation ! Il oublierait que cet effort vers la coordination de toutes les sciences est un des buts que l'humanité poursuit depuis son berceau , sans jamais désespérer d'y parvenir. Pour ne parler que des siècles chrétiens , dès la fondation de l'école d'Alexandrie, S. Pantène, Clément, Origène, S. Hippolyte de Porto prétendaient ne rien abandonner exclusivement aux païens dans les domaines de l'intelligence. Ils étaient poètes, philosophes, mathématiciens , musiciens, en même temps que théologiens et exégètes.

Au moyen-âge, S. Bonaventure , dans son beau traité : *De Reductione Artium ad Theologiam,* classait en quatre degrés les quatre modes de communication de la lumière, et disait, en un langage aussi poétique que grandiose : « De même que toutes les connaissances naturelles dérivent originairement d'une même source qui est Dieu , de même elles sont toutes ordonnées par rapport à l'Ecriture sainte , si bien que , perfectionnées et achevées en elle, par elle, elles se rapportent à l'illumination suprême et béatifique. »

Dès la première page de sa Somme , le Docteur angélique affirme implicitement la subordination et la coordination des sciences lorsque, voulant assigner à la théologie son rang souverain, il déclare que « toutes les sciences, en tant qu'on les considère sous le même point de vue *formel*, sont soumises à la théologie, et que c'est à elle qu'il appartient, comme à une reine, non pas de prouver les principes des sciences inférieures, mais de juger ces principes pour les absoudre ou les condamner, suivant qu'ils s'approchent ou s'éloignent de la doctrine révélée ».

L'abbé Chirouze était donc en parfait accord avec la tradition chrétienne, lorsqu'il cherchait à gravir le sommet solitaire et sublime du haut duquel les aigles évangéliques peuvent embrasser l'espace où se développe, dans sa magnifique ordonnance, tout le plan du monde créé.

Si l'on venait à taxer ce vigoureux esprit d'orgueil et de présomption, pour avoir ouvert l'oreille aux flatteuses promesses d'une aussi grande ambition intellectuelle, nous croirions pouvoir répondre qu'une âme médiocre n'aurait pas même entrevu ces tentations de la science universelle et de l'encyclopédie chrétienne. Mais, pour défendre M. Chirouze, il suffit de l'entendre ; nous le citons :

« La synthèse spiritualiste et catholique des sciences divines et humaines, selon l'esprit de l'Ecriture — voilà l'œuvre de ma vie. Dieu fasse que cette œuvre contribue à sa gloire, à l'avènement du règne de son Fils, à l'honneur de la Vierge

toute belle et toute immaculée, enfin à la défaite et
à la ruine du paganisme moderne ! »

« La pensée de cet ouvrage est née des impressions produites sur moi par mes expériences et
mes réflexions, au milieu de la solitude intérieure
où j'ai passé une si grande partie de mon existence. Le réaliser pleinement aujourd'hui n'est
pas en mon pouvoir ; mes forces diminuées et
l'esclavage où est encore ma pensée m'en empê-
chent également. Mais si la Providence m'accorde
une vieillesse tranquille et sereine, je tâcherai de
finir ce qui a été le but de tous mes travaux passés
et présents. Je puis bien dire que tout le chapitre iiie de l'*Imitation* est le type d'après lequel mon
intelligence a recherché la vérité partout et en
toute chose. Aussi prendrais-je volontiers pour
épigraphe les versets de ce chapitre que Corneille
a traduits en si beaux vers :

> Touche, Verbe éternel , nos âmes curieuses :
> Celui que ta parole une fois a frappé,
> De tant d'opinions, vaines, ambitieuses ,
>   Et souvent dangereuses,
>   Est bien développé.

> Ce Verbe donne seul l'être à toutes les causes :
> Il nous parle de tout, tout nous parle de lui.
> Il tient de tout en soi les natures encloses ;
>   Il est, de toutes choses,
>   Le principe et l'appui !

O Dieu de vérité, pour qui seul je soupire,
Unis-moi donc à Toi par de forts et doux nœuds !
Je me lasse d'ouïr, je me lasse de lire,
     Mais non pas de te dire :
     C'est Toi seul que je veux !

Parle seul à mon âme, et qu'aucune prudence,
Qu'aucun autre docteur ne m'explique tes lois ;
Que toute créature, à ta sainte présence,
     S'impose le silence
     Et laisse agir ta voix !

VII

M. Chirouze était à Vic, depuis trois ans, passant les journées et les nuits sur ses livres, ébauchant, raturant, brûlant, s'enfonçant toujours plus avant dans les profondeurs des saintes Lettres, mais n'arrivant jamais à trouver les formules simples, précises, claires après lesquelles il soupirait pour exprimer ses pensées et les rendre vraiment utiles.

Sa vie matérielle l'inquiétait peu : « il habitait une grande maison, mal commode, ouverte à tous les vents » ; et quand on lui faisait observer qu'il

était logé d'une façon bien misérable : « Oh !
disait-il, il faut se rappeler l'étable de Bethléem.
Cela suffit. »

Mais le ministère paroissial lui pesait. Sa conscience, inquiétée par mille craintes, lui représen-
tait ses fautes comme des obstacles à la sanctifica-
tion de son troupeau. Son impuissance à rencontrer, dans la parole publique, la forme, le tour, le
ton, l'accent qu'il cherchait, paralysait, en quelque façon, ses facultés et intimidait son zèle.

Il demanda de venir professer une classe, si
humble fût-elle, au Petit Séminaire, et M. l'abbé
Grangé, qui connaissait depuis longtemps les
talents et les vertus du jeune succursaliste, s'em-
pressa de faire accueillir cette demande par l'admi-
nistration diocésaine. A trente-cinq ans, M. Chirouze fut nommé professeur de huitième ; on voit
que son ambition temporelle était modeste. Il fut
chargé, l'année suivante, de la septième ; puis il
monta en quatrième, et enfin, la chaire de philoso-
phie s'étant trouvée vacante, il y fut appelé par le
choix personnel de son supérieur.

Au moment où il s'asseyait à cette place élevée,
qui représente ce qu'il y a de plus essentiel et de
plus délicat dans l'enseignement chrétien, Claude
Chirouze n'avait pas encore achevé le cycle des
études préparatoires que son intelligence s'était

proposé de parcourir. Surtout, il n'avait pas guéri cette maladie, jugée parfois incurable, même par lui, et qui, « à la passive docilité de son temps de séminaire », avait fait succéder une si longue période de « criticisme presque universel ». Maîtrisé par « le besoin de savoir, de chercher, de consulter, de lire, d'acheter des livres », d'analyser avec ses idées, ses sentiments, ses impressions, les idées, les sentiments, les impressions d'autrui, il n'avait pas encore trouvé la clé universelle et la solution de tous les problèmes dont le poids l'accablait.

Chez lui, d'ailleurs, le cœur souffrait autant et plus que l'esprit. « Ce long martyre de vingt ans » (1833-1853) dont il parlait si souvent à Dieu dans ses écrits, ses souffrances, ses croix intérieures, ses privations, ses humiliations, la gêne où son âme gémissait, tout cela durait encore, et il en était réduit à se consoler par ce cri d'amoureuse désolation : *Virga tua et baculus tuus, ipsa me consolata sunt !*

Ce fut alors que, après avoir dessiné le cadre de ses leçons philosophiques [d'après les ouvrages de MM. Naget-Lacoudre, Mannier, Roux-Lavergne, il ouvrit enfin la *Somme contre les Gentils*, les *Opuscules* et enfin la *Somme théologique*, de S. Thomas d'Aquin ! — Ses manuscrits nous ont prouvé matériellement quelle ardeur il avait mise à se pénétrer jusqu'à la moelle des doctrines de l'Ange de l'Ecole. On peut dire, sans nulle exagération, que, dans la mesure où cela est possible maintenant, en France, M. Chirouze est, parmi nos contemporains et nos compatriotes, l'un de ceux qui ont été les plus consciencieux et les plus sincères dans la réhabilitation des formes et des théories scholastiques.

Nous savons, hélas! que ses cours, pesants et diffus parce qu'il voulait les rendre trop complets, n'ont pas eu tout le succès que sa science méritait, et que, parmi ses élèves, un très petit nombre ont eu le courage ou la persévérance de se changer en disciples.

Nous savons aussi que, le jour où, dans une circonstance analogue à celle qui nous rassemble, il voulut décrire les opérations naturelles et surnaturelles de l'intelligence en paraphrasant le *Château de l'Ame* de Ste Thérèse, les sept *demeures* se transformèrent en autant de fossés dont ni sa pensée, ni son style n'arrivèrent à se dégager. Extérieurement et dans l'expression de ses idées, il était encore enchaîné.

Mais, au dedans de lui-même, l'ordre se fit et l'ordre amena le calme et la paix. S'il ne sut pas assez bien le dire et le faire comprendre aux autres, lui du moins pressentit et goûta toute la vérité de l'éloge qu'un anglican, sorti de Cambridge pour entrer à l'Oratoire, faisait de la *Somme*, en ces termes éloquents :

« La *Somme* est un chant de reconnaissance, un hymne de victoire; c'est la marche triomphale d'un conquérant qui s'est revêtu des dépouilles opimes d'un ennemi défait. L'enchaînement vigoureux des articles, où chaque affirmation découle des affirmations antérieures, où chaque objection réfutée prépare la prochaine réfutation des difficultés suivantes, fait de ce livre prodigieux le plus grand poème épique qu'on ait jamais écrit ; c'est le poème des œuvres du Christ !.... Et c'est bien à lui qu'on peut appliquer la maxime du poète : la vraie beauté donne des joies éternelles ! » (1)

Ainsi, pendant près de quinze ans, l'abbé Chirouze savoura chaque jour davantage le bonheur d'avoir enfin rencontré le maître de son intelligence. La synthèse, vers laquelle il avait marché, sans y atteindre, par des sentiers scabreux et difficiles, rayonnait sans cesse devant son regard, grâce aux lumineux principes de la théologie thomiste, dont il aimait à déduire les plus lointaines conséquences, montant et descendant, avec une

(1) Introduction du livre intitulé : *Sursum,* composé par le R. P. Rawes.

radieuse allégresse, les degrés de cette échelle mystique par laquelle se touchent la terre et le ciel.

Les quinze dernières années du bon abbé Chirouze se résument donc en un seul mot : la paix ! Ce mot le peindra suffisamment aux yeux de tous ceux qui l'ont connu pendant cette dernière période de son existence. Il était devenu l'homme véritablement pacifique, et, selon la belle parole de Bossuet, « sa bonté conciliait tout ! »

Renonçons donc à célébrer ses autres vertus, sa patience, sa douceur, sa charité, sa ferveur, son amour fidèle et délicat pour ses parents aussi bien que pour ses amis et ses élèves. Ne disons rien de sa maladie si subite, de sa mort si peu prévue, de ses funérailles, honorées par tant de larmes et de regrets : mais, dans cette enceinte où, couché au fond de son pauvre cercueil, il a passé cette nuit solennelle, la dernière que les morts accordent aux vivants, demandons-lui de nous faire encore entendre sa voix. Ecoutons ce noble testament d'une grande âme, page frémissante où palpite la sobre et virile émotion du soldat qui se prépare au combat suprême :

« Pour arriver à la synthèse que je cherche, il faut, je le sens, être conduit aux idées générales ou bien par un sens véritablement philosophique, ou bien par une voie spéciale de la Providence. Il faut surtout que de nombreuses expériences nous amènent jusqu'au lever de cette lumière qui dissipe toutes les obscurités, éclaircit tous les doutes et s'appelle *la Vérité*. Parmi ces expériences plus ou moins douloureuses, les unes paraissent, aux yeux du vulgaire, constituer une sorte de folie; les autres semblent inexplicables à ceux-mêmes qui les subissent : toutes forment une sorte de drame mystérieux, obscur, tant que le dénouement n'est pas venu donner la clé des actes qui se sont succédé. La vérité ne se montre d'abord que partiellement et ne se découvre en entier qu'à la fin. »

« Si j'ai passé par tant de souffrances et d'angoisses, c'est que Dieu voulait me rendre susceptible de compatir à toutes les douleurs. J'ai supporté toutes les chaînes, toutes les captivités spirituelles. Flagellation, couronnement d'épines, moqueries, abandon, blessures morales, maladies physiques, tourments de la pauvreté, angoisses de l'ignorance, absence universelle de secours et de consolation : j'ai savouré tous les genres de peines. Jamais cependant la divine Providence, à laquelle je m'étais remis avec une aveugle confiance, ne m'a délaissé. J'ai dû traverser littéralement l'eau et le feu, mais l'heure du rafraîchissement est venue. Mon âme, ma vie, ma réputation, tout a été menacé ; je n'ai vu partout que sentiers ténébreux et glissants. La main de Dieu lui-même a semblé fermer ma route avec d'insurmontables obstacles, et le chemin paraissait se dérober sous mes pas. »

« J'ignorais la raison de cette conduite de Dieu sur mon âme, ou du moins je n'avais pas de cette conduite l'explication qui soutient et qui console. »

« Mais aujourd'hui, tout est changé. Je vois où je marche et comment Notre-Seigneur m'a mené jusqu'au point où mon expérience pourra devenir aux autres un foyer de lumière, une source de conseils. Que la volonté de Dieu, en tout et partout digne d'amour et d'admiration, se fasse donc à jamais sur moi et sur toute créature et dans l'univers entier (1) ! »

(1) « Omnes sensi coarctationes et angustias ut angustiatorum omnium misereri discerem, sicut videre est in omnibus meis considerationibus. Vincula et carceres spiritualiter expertus sum; et in his flagella, coronam spincam, ludibria, amicorum desertionem, plagas cordis et corporis, angustias paupertatis et ignorantiæ, et omnis auxilii et consolationis absentiam. Et in his omnibus me non reliquit divina, cui me totum commisi, Providentia; transivi verè per aquam et ignem, et in refrigerium adduxisti me. »

« ... Via mea facta est tenebræ et lubricum; conclusit eam Dominus lapidibus quadris, et semitas meas subvertit. Et nesciebam talia, dùm evenirent; scientiam non habebam, quæ mentem solatur et requiescere facit. »

... Sed in omnibus et super omnia fiat semper, semper adoranda, amabilis Domini voluntas !

Et maintenant, avant de finir, jettons un regard d'ensemble sur la vie dont nous avons tracé l'esquisse. Quelle impression définitive va-t-elle nous laisser?

Au point de vue purement humain, les résultats ne répondent point à l'immensité et à la persévérance des travaux destinés à les préparer. Quelques pages rédigées à la hâte, peu de chose, presque rien, voilà tout ce qui reste de tant de réflexions et de lectures, poursuivies sans relâche pendant de si longues années! Ce n'est pas un avortement complet ; ce n'est pas non plus le développement fécond et normal de méditations qui semblaient riches de tant de promesses. Les pierres qui devaient entrer dans la construction d'un si majestueux édifice ont été laborieusement arrachées de la carrière où elles dormaient ; mais quelques unes à peine ont été taillées ; les autres gisent informes, et le plan général de l'œuvre n'était point assez arrêté pour qu'un architecte quelconque se substitue à celui dont la mort a glacé la main.

Que si nous nous plaçons au contraire au point de vue surnaturel, au point de vue véritable, bien loin de nous trouver en face du néant et de ses amères déceptions, nous touchons des palmes glorieuses, d'immortelles couronnes. N'est-ce pas en effet une vie et une mort enviables que la vie et la mort d'un prêtre dont l'unique passion a été la passion de la science ? Et encore n'était-ce pas l'amour d'une science périssable, terrestre dans ses principes et dans son objet, ténébreuse dans sa marche, hésitante dans ses conclusions ! Non, c'était la science de Dieu, du beau, du vrai, cherchée, trouvée, possédée dans la double lumière de la raison et de la révélation.

Heureux ceux qui vivent et qui meurent ainsi, uniquement et invariablement épris de la vérité, dévoués à la connaître et à la défendre ! Il peut leur manquer l'éclat extérieur qu'amènent autour d'un tombeau les souvenirs d'une grande fortune ! Peut-être n'ont-ils jamais eu les enivrements de la renommée, et leur voix sans écho leur est-elle toujours revenue impuissante et paralysée ? Qu'importe ! Ils ont aimé, ils ont servi « ce Roi Immortel et si plein de miséricorde, qui comptera un soupir et un verre d'eau donné en son nom, plus que tous les princes de la terre ne feront jamais de tout notre sang répandu ». Les premières lueurs de l'Eternité leur ont enfin porté la réponse aux questions dont le nœud difficile les préoccupait. *Sicut est : facie ad faciem...* ont-ils répété dans leur agonie, jusqu'à ce que, le rayon divin venant à percer la nue, ils vissent s'évanouir tout ensemble et les ignorances des sens et les saintes obscurités de la foi ! *Ut te revalata cernentes facie, visu sint beati tuæ gloriæ!* — Ne songeons pas à les plaindre ! Il vaut bien mieux penser à les imiter !

BIBLIOTHEQUE NATIONALE DE FRANCE

3 7502 00987549 5

www.ingramcontent.com/pod-product-compliance
Lightning Source LLC
Chambersburg PA
CBHW061302050726
47594CB00004B/1590